क्या हारा क्या जीत गया

(कविता-संग्रह)

क्या हारा क्या जीत गया

(कविता-संग्रह)

आशीष मिश्रा

वाणी प्रकाशन

प्रकाशन के उत्कृष्टतम 62 वर्ष

vaniprakashan.com

सजिल्द प्रथम संस्करण : 2025

वाणी प्रकाशन

4695, 21-ए, दरियागंज, नयी दिल्ली-110 002

फ़ोन : + 91 11 23273167, 23275710

शाखाएँ

अशोक राजपथ, पटना-800 004, बिहार

कॉफ़ी हाउस कैम्पस, महात्मा गांधी मार्ग, प्रयागराज-211 001, उत्तर प्रदेश

महात्मा गांधी अन्तरराष्ट्रीय हिन्दी विश्वविद्यालय, वर्धा-442 001, महाराष्ट्र

sales@vaniprakashan.in

vaniprakashan@gmail.com

Kya Hara Kya Jeet Gya

by Ashish Mishra

ISBN : 978-93-7112-530-7

Poetry Collection

मूल्य : ₹ 395

जी.एस. ऑफ़सेट, दिल्ली-110 095 में मुद्रित

वाणी प्रकाशन का लोगो मक़बूल फ़िदा हुसैन की कूची से

अनुक्रम

प्रवासी गीत

खट्टे-मीठे अनुभव

राम और हम

बाल-कविताएँ

ग़ज़लें

मेरा देश मेरे गीत

मेरे शब्द

मेरी जो भी साहित्यिक समझ है उसका श्रेय मेरे माता-पिता और परिवार को जाता है। घर के वातावरण ने साहित्य पढ़ना और उसके बारे में बातें करना सिखाया। माता-पिता दोनों ही कविताएँ लिखते थे, मेरे पास आज भी उनकी डायरियाँ धरोहर के रूप में रखी हैं। मेरी अम्मा (दादी) सुबह पहले रामायण पढ़ती थीं और फिर पूरे दिन उन्हें कुछ ना कुछ पढ़ते ही देखता था। मुझे याद है घर में जहाँ 'रामचरितमानस' रखी होती थी वहीं पास में 'रश्मिरथी' भी।

मित्रो, ये मेरा दूसरा काव्य-संग्रह है, प्रयास है कि अधिक व्यावहारिक और गुणवत्ता भरा हो। मैंने इसे अलग-अलग खण्डों में बाँटा है जैसे–लुभावन गीत, जीवन के खट्टे-मीठे अनुभवों पर आधारिक कविताएँ, भक्ति-भाव के भजन, कुछ ग़ज़लें, एक प्रवासी कोना, मेरे भारत को समर्पित कविताएँ। प्राय: आजकल बच्चे हिन्दी साहित्य से दूर रहते हैं–मैंने विशेष रूप से कुछ बाल-कविताएँ रखी हैं ताकि ये पुस्तक उन तक भी पहुँचे।

मैं भारतीय उच्चायोग, लन्दन का आभारी हूँ कि उन्होंने मेरे इस संग्रह को सम्मान दिया।

आशा है आप इन कविताओं का आनन्द उठायेंगे। आप सभी को उन्नत जीवन के लिए शुभकामनाएँ।

आशीष मिश्रा, ब्रिटेन

तरुण कुमार
उप निदेशक (राजभाषा)
सूचना और प्रसारण मंत्रालय, नई दिल्ली
भूतपूर्व अताशे(हिंदी व संस्कृति),
भारत का उच्चायोग, लंदन

सत्यमेव जयते

भारत सरकार
सूचना और प्रसारण मंत्रालय
शास्त्री भवन, नई दिल्ली - 110 001
GOVERNMENT OF INDIA
MINISTRY OF INFORMATION & BROADCASTING
SHASTRI BHAWAN, NEW DELHI - 110 001

संदेश

मुझे यह जानकर अत्यंत प्रसन्नता हो रही है कि ब्रिटेन के युवा प्रवासी हिंदी कवि श्री आशीष मिश्रा जी का दूसरा काव्य संग्रह *"क्या जीता क्या हार गया"* प्रकाशित हो रहा है। यह संग्रह न केवल हिंदी साहित्य के प्रति उनकी गहरी प्रतिबद्धता को दर्शाता है, बल्कि प्रवासी जीवन की अनुभूतियों, संघर्षों और संवेदनाओं को भी उजागर करता है।

कविता मनुष्य की संवेदनाओं, विचारों और अनुभवों को अभिव्यक्त करने का एक सशक्त माध्यम है। यह काव्य संग्रह प्रवासी भारतीयों के मन में बसे भारत की झलक तो प्रस्तुत करता ही है साथ ही उनकी जड़ों से जुड़े रहने की भावना को भी प्रकट करता है। आशीष मिश्रा जी की रचनाएँ हिंदी भाषा और साहित्य की समृद्धि में एक महत्वपूर्ण योगदान हैं और वैश्विक मंच पर हिंदी को प्रतिष्ठित करने की दिशा में एक सराहनीय प्रयास।

भारतीय काव्य परंपरा का निर्वहन करते हुए आशीष मिश्रा जी ने संग्रह का आरंभ सरस्वती वंदना से किया है। यह संग्रह 51 कविताओं का ऐसा कोलाज है जिसमें जीवन के अनुभव और कल्पना के कई रंग दिखाई देते हैं। इस संग्रह की विशेषता यह है कि एक ही जिल्द में कविताएं, गीत और ग़ज़ल तीनों समाहित हैं और अलग-अलग भाव के गीतों को अलग-अलग श्रेणियों में रखा गया है जैसे मनभावन गीत, प्रवासी गीत, देश प्रेम के गीत आदि। मर्यादा पुरुषोत्तम राम उनके आराध्य प्रतीत होते हैं और प्रभु राम को समर्पित कई गीत हैं। इन गीतों में कवि की लेखनी सहज और प्रवाहमयी दिखती है। संग्रह की कविताएं भावप्रवण हैं इसलिए पाठकों को भावनात्मक रूप से जोड़ती हैं।

कहते हैं जीवन एक यात्रा है, जिसमें विजय और पराजय, दोनों ही चरण आते हैं। 'क्या जीता क्या हार गया' केवल सफलता और असफलता का लेखा-जोखा नहीं, बल्कि आत्ममंथन और आत्मबोध की अनुभूति है। यह काव्य-संग्रह जीवन की अनुभूतियों और विचारों को खूबसूरत ढंग से अभिव्यक्त करता है, जो पाठकों को अपने जीवन में झांकने का अवसर देता है। गेयता और संगीतात्मकता किसी भी कविता की आत्मा होती है और इस दृष्टि से आशीष मिश्रा के इस संग्रह की कविताओं में कविता की आत्मा जीवित है।

मैं इस काव्य संग्रह के प्रकाशन पर आशीष मिश्रा जी को हार्दिक बधाई देता हूँ और आशा करता हूँ कि यह पुस्तक हिंदी प्रेमियों के बीच विशेष स्थान बनाएगी। यह संग्रह न केवल साहित्य प्रेमियों के लिए एक अनमोल उपहार होगा, बल्कि प्रवासी भारतीय समुदाय के बीच हिंदी भाषा और संस्कृति को भी सशक्त करने में सहायक सिद्ध होगा।

10/03/2025
(तरुण कुमार)

भूमिका

आशीष मिश्रा की कविताओं की आत्मा, उसका प्रवाह है

आशीष मिश्रा के रचनात्मक प्रवाह को देख कर मुझे लगता है कि यह शख़्स ख़्वाब भी कविताओं में ही देखता होगा। कोई भी पर्व हो या फिर घटना, यदि आशीष को छू जाये तो एक गीत निश्चित है। निरन्तर लिखने का यह प्रवाह आज आशीष के जीवन्त कवि होने का श्रेष्ठ प्रमाण है। यही प्रवाह आपकी रचनाओं में भी पूरी लय के साथ मिलता है। आशीष के साहित्यिक जीवन के प्रवाह को मैं इनकी कविताओं में भी बख़ूबी पाता हूँ।

आशीष की कविताओं की आत्मा, उसका प्रवाह है। यह प्रवाह ही उनकी लेखनी को संगीतमय, अर्थपूर्ण और प्रभावशाली बनाता है। प्रवाह का तात्पर्य कविता में शब्दों, भावों, ध्वनियों और लय का अद्भुत संयोजन है जो पाठक या श्रोता को सहज रूप से जोड़ लेता है। आशीष की कविताओं में भावनाओं की सहज अभिव्यक्ति में उसकी संगीतात्मकता उसके सौन्दर्य को अत्यन्त आकर्षक बना देती है। आशीष की कविताएँ, केवल शब्दों का संकलन नहीं, बल्कि आत्मा की गहराइयों से उपजा वह संगीत है, जो संवेदनाओं की पराकाष्ठा तक पाठक को ले जाता है। आशीष का काव्य-संग्रह क्या हारा क्या जीत गया' इसी संवेदनात्मक यात्रा का दस्तावेज़ है। यह संग्रह न केवल उनके व्यक्तिगत अनुभूतियों का प्रतिबिम्ब है, बल्कि एक प्रवासी मन की संवेदनशीलता, संघर्ष, स्मृतियों और आशाओं को भी सँजोता है।

आशीष मिश्रा की कविताएँ जीवन की नितान्त सच्चाइयों, समय की परिवर्तनशीलता, अपनत्व की खोज और आत्मसंवाद की अनुगूँज हैं। संग्रह की शीर्षक कविता 'क्या हारा क्या जीत गया' जीवन की अस्थिरता, समय की

धार और अनुभव की गहराई को सरल शब्दों में बड़ी गहराई से प्रस्तुत करती है। कवि यहाँ विजयी या पराजित होने की संकीर्ण परिभाषाओं से परे, अनुभव को ही अन्तिम सत्य के रूप में स्वीकार करता है।

'धीरे-धीरे जब आँगन में यहाँ फैलता सूनापन' जैसी पंक्तियाँ, कवि की भावनाओं की कोमलता और गहराई को दर्शाती हैं। प्रवासी जीवन का यह सूना आँगन केवल भौगोलिक दूरी का प्रतीक नहीं, बल्कि स्मृतियों और यथार्थ के बीच खिंची उस अदृश्य रेखा का सजीव चित्रण है, जिसे हर प्रवासी अपने हृदय में अनुभव करता है।

'शब्द की परिकल्पना' कविता में आशीष भाषा और अभिव्यक्ति के प्रति अपनी आस्था को प्रकट करते हैं। अक्षरों को पूजने की बात कहकर वे न केवल साहित्य की पवित्रता को स्वीकारते हैं, बल्कि उसे आत्मा के विस्तार का माध्यम भी मानते हैं।

'यूँ तो उनसे फ़ोन मिलाकर बातें तो कई बार करीं', इस कविता में पत्र लिखने की परम्परा को सँजोकर, कवि ने आधुनिक युग में संवेदनाओं के लुप्त होते संवाद की ओर इंगित किया है। यह कविता प्रेम, स्मृतियों और अनकही बातों का सुन्दर मिश्रण है, जो पाठकों के हृदय में एक गहरी अनुभूति उत्पन्न करता है।

'पानी की बूँद' कविता जीवन के प्रवाह और अनिश्चितता का प्रतीकात्मक चित्रण है। बूँद की यात्रा को मानवीय अस्तित्व की यात्रा से जोड़कर, कवि जीवन के संघर्ष और उसकी सम्भावनाओं को दर्शाते हैं।

'काश! मुझे कविता आती' कविता कवि के अन्तर्मन की सबसे मार्मिक अभिव्यक्ति है। यह कविता केवल शब्दों की रचना नहीं, बल्कि कविता की आत्मा को खोजने और महसूस करने की ललक है।

संग्रह की सबसे प्रभावशाली रचना 'प्रवासी गीत' प्रवासी जीवन की पीड़ा, संघर्ष और उसमें निहित गौरव को एक सुन्दर काव्यात्मक रूप देती है। विदेश में बसने वाला प्रत्येक व्यक्ति इस कविता में अपनी कहानी को महसूस कर सकता है। 'जो लाता है गंगा जल की शीशी अपने झोले'–यह पंक्ति भारतीयता और मातृभूमि के प्रति प्रवासी मन की गहरी श्रद्धा को प्रकट करती है।

इस संग्रह की सबसे बड़ी विशेषता इसकी सहजता और भावप्रवणता है। आशीष मिश्रा की भाषा सरल है, परन्तु उनकी संवेदनाएँ गहरी हैं। उनकी कविताओं में जीवन के हर रंग हैं–प्रवास का अकेलापन, बीते पलों की स्मृतियाँ, जीवन की अनिश्चितता, प्रेम की कोमलता और आत्मा की जिजीविषा।

'क्या हारा क्या जीत गया' केवल एक काव्य-संग्रह नहीं, बल्कि जीवन का एक दार्शनिक दृष्टिकोण है, जो पाठक को आत्मविश्लेषण और अनुभव की यात्रा पर ले जाता है। यह संग्रह साहित्य-प्रेमियों के लिए एक अमूल्य धरोहर है और प्रवासी साहित्य की समृद्ध परम्परा में एक महत्त्वपूर्ण योगदान है।

मुझे ख़ुशी है कि इस संग्रह की पांडुलिपि को भारतीय उच्चायोग लन्दन की चयन समिति ने वर्ष की श्रेष्ठ पांडुलिपि घोषित करते हुए उसे विश्व हिन्दी दिवस के सुअवसर पर डॉ. लक्ष्मीमल्ल सिंघवी पुरस्कार से अलंकृत किया है। भारतीय उच्चायोग को बधाई एवं आभार, एवं आशीष को अनेक शुभकामनाएँ!

डॉ. पद्मेश गुप्त
ऑक्सफ़ोर्ड, यू.के.,
09 फ़रवरी 2025

नैसर्गिक भाव

कविता, मानवता के इतिहास की सबसे ख़ूबसूरत उपलब्धि है। लाभ-हानि के तमाम अंकगणित से परे, सुख-दुख के प्रत्येक मनोविज्ञान से दूर प्रत्येक क्षण से रस निःसृत कर लेने का अलौकिक आनन्द है कविता। मनुष्य जीवन के सर्वाधिक सम्पन्न, सर्वाधिक आत्मनिर्भर और सर्वाधिक सार्थक क्षण वे होते हैं जब या तो आप कविता के आगोश में हों, या फिर प्रेम के आलिंगन में।

कविता लिखना किसी ध्यान प्रक्रिया जैसा अनुभव है और कविता सुनना किसी वरदान को अनुभूत करने का सौभाग्य है।

आशीष अपनी कविताओं में अपने नैसर्गिक भाव अभिव्यक्त करते हैं। वे गोमुख से प्रवाहित गंगा की भाँति भावनाओं के सर्वाधिक शुद्ध रूप को गणपति भाव से काग़ज़ पर उतारते हैं। अपनी अभिव्यक्ति के दौरान उनके एहसासों का वेग इतना अधिक होता है कि वे किसी भी भाषाई नियम के व्याकरण का भान छोड़कर बस बह निकलते हैं। यह ऐसा ही है जैसे सोहणी कच्चा घड़ा लेकर महिवाल से मिलने चेनाब की धार में उतर जाये। दूर खड़े देखने वालों को लग सकता है कि सोहणी डूब गयी, लेकिन इस डूबने में जो आनन्द सोहणी ने पाया, वह केवल वही जानती है।

आशीष की कविताएँ चेनाब की धार पर बिखरा वही कच्चा घड़ा है। इनमें अपने नितान्त निजी अनुभवों का पसीना सम्मिलित है। इन कविताओं से रस निष्पत्ति वही कर सकेगा जो इनकी उँगली थामकर कवि की भावभूमि का पर्यटन कर सके।

मैं अपनी जड़ों से दूर रहकर संवेदना की साधना करने वाले इस साधक

को काव्य-संग्रह प्रकाशन पर मन भर बधाई देता हूँ तथा आश्वस्ति देता हूँ कि संवेदना की उँगलियों से इस संग्रह के पृष्ठ पलटेंगे तो आपका मन किसी गहरे संगीत का स्रोत बन जायेगा।

चिराग़ जैन
हिन्दी कवि व साहित्यकार

कविता जैसी कविता

जब से कविता में से तुक ग़ायब हुई है समझ ही नहीं आता कि कविता कौन सी है और गद्य कौन सा। अधिक से अधिक कविता एकालाप का रूप ले चुकी है। हिन्दी और अंग्रेज़ी के पुराने कवियों ने जब छन्द तोड़ा तो उन्हें छन्द का ज्ञान था। कविता का तुकान्त होना आवश्यक नहीं है, मगर कविता में मीटर का होना ज़रूरी है। मगर वर्तमान में कविता चाहे भारत में लिखी जा रही हो या फिर प्रवास में, हम उसमें कवित्त की अपेक्षा नहीं रख सकते। बीच-बीच में कहीं से अचानक कोई ऐसा कविता-संग्रह सामने आ जाता है जो आश्वस्त करता दिखाई देता है कि अभी भी कविता में अपनी बात रखी जा सकती है।

आशीष मिश्रा का नया कविता-संग्रह 'क्या हारा क्या जीत गया' का शीर्षक अपनी ओर आकर्षित करता है। कविताओं को पढ़ने की दावत देता है। हर इन्सान के जीवन में हार-जीत का सिलसिला चलता रहता है। कथाकार सुदर्शन की कहानी में तो हार कर भी जीत हो जाती है। आशीष मिश्रा की कविताएँ भी जीवन के भिन्न पहलुओं की पड़ताल करते हुए उन पर कवि की सोच को परिलक्षित करती हैं।

शीर्षक कविता किसी लेख की तरह विषय की पड़ताल नहीं करती, बल्कि कविता की तरह हल्का सा स्पन्दन करती है...सवाल भी पूछती है और उनके जवाब भी टटोलती है...

राख ख़ाक हो जाना सब को
माटी में मिल जाना कल को
क्या होगा कल किसने जाना
राम नाम ही देना मन को।
आँसू सस्ते बिक जायेंगे
सिसकी नीचे गिर जायेंगे

हिचकी रुक रुक कर पूछेगी
बीते पल क्या फिर आयेंगे।

कवि आशीष मिश्रा नॉस्टेलजिक होकर सोचते हैं कि फ़ोन पर तो बात होती है मगर वह उसे चिट्ठी लिखना चाहते हैं, जिसमें वाक्य लिखे हों और जीवन से जुड़ी चीज़ों के बारे में बातें लिखी जायें। कवि अपने आज और आने वाले कल के बारे में सोचता है और चाहता है कि ज़िन्दगी की छोटी-छोटी बातें चिट्ठी में लिख कर साझा करे :

यूँ तो उनसे फ़ोन मिलाकर बातें तो कई बार करीं
लेकिन एक पत्र लिखता हूँ कहने को जो कही नहीं।
हर अक्षर अब हुआ गुलाबी, लिक्खा कोई एक परी
तुमको एक पत्र लिखता हूँ, कहने को जो कही नहीं।

कहने को तो इन्सान फ़ोन पर कह सकता है मगर लिख कर कहने में झिझक कम और एक्स्प्रेशन सरल हो जाता है।

आशीष मिश्रा एक प्रवासी भारतीय हैं और किसी भी प्रवासी भारतीय के भीतर दिल एक भारतीय का ही धड़कता है। कवि सीधा-सीधा ऐलान कर देता है :

एक मोड़ ऐसा जीवन में आया लेकर अवसर
बना प्रवासी एक देश में, सपने अन्दर भरकर।

आशीष यहीं नहीं रुकते। उनका प्रवासी वो है–

"जो लाता है गंगा जल की शीशी अपने झोले में
जो लाता है गर्व हिन्द का भारतवासी होने में।"

ब्रिटेन में बहुत साल रहने के बाद आशीष मिश्रा का ध्यान यहाँ की पतझड़ पर भी जाता है। पतझड़ से पहले ब्रिटेन में पेड़ों के पत्ते बहुत से रंग बदलते हैं। तब कहीं जाकर पेड़ों का साथ छोड़ते हैं। दरअसल, जॉन कीट्स की कविता–ओड टु ऑटम–पतझड़ की इसी ख़ूबसूरती का ज़िक्र करती है। भारत में पतझड़ मौत, अकेलेपन, दर्द और दुर्बलता का प्रतीक बनती है। पश्चिमी देशों में पतझड़ बाक़ायदा रंगीन होती है। लगभग हर हिन्दी कवि इन देशों की

पतझड़ से प्रभावित होकर अपनी क़लम उठाता है।

मानो धरती हरी नहीं
सोने की लगती एक परात
पत्ते मटक-मटक बिखरे
जैसे जाते कोई बारात।
इस मौसम की अलग बयार
पतझड़ में सावन बौछार
नीचे वाला पत्ता कहता
तू भीगा मैं सूखा यार।

यानी कि आशीष मिश्रा पतझड़ के पत्तों में भी जीवन महसूस करते हैं और पत्ते आपस में बातचीत भी करना जानते हैं।

आशीष के कानों में कविता का भीतरी संगीत उन्हें ग़ज़ल लिखने को भी प्रेरित करता है। उनकी ग़ज़लें छोटी बहर की हैं और लम्बी बहर की भी, और अपनी ओर ध्यान आकर्षित करती हैं। कुछ शेर देखने लायक हैं :

कुछ पीड़ा का दान हैं आँसू
आँखों का मेहमान हैं आँसू।
उन तक है संवाद यही कि
यादों का सम्मान हैं आँसू।।

आशीष मिश्रा लन्दन की युवा पीढ़ी के प्रतिनिधि साहित्यकार हैं। वे मंच संचालन में भी सिद्धहस्त हैं और मंच से कविता पढ़ने में भी माहिर हैं। ऐसे साहित्यकारों की कृतियों का प्रकाशन हमें आश्वस्त करता है कि भारत के बाहर हिन्दी साहित्य की निरन्तरता क़ायम रहेगी। आशीष के इस कविता-संग्रह को भारतीय उच्चायोग के लक्ष्मीमल्ल सिंघवी अनुदान से नवाज़ा गया है।

मुझे विश्वास है कि साहित्य जगत में उनकी कविताओं का स्वागत होगा।

तेजेन्द्र शर्मा, एम.बी.ई.
लन्दन–14 फ़रवरी 2025

मन को आन्दोलित करती कविताएँ

ब्रिटेन में हिन्दी के सुप्रसिद्ध कवि आशीष मिश्रा का नया काव्य-संग्रह 'क्या हारा क्या जीत गया' शब्दों और भावों का सुन्दर संयोजन है। वे स्वयं कहते हैं :

अक्षरों को पूजते हैं शब्द की परिकल्पना से
और पंक्ति जो बनी फिर भावना की वन्दना से

इस गतिमान जीवन में आयु नदी की तरह सतत बह रही है। बचपन से वृद्धावस्था तक शरीर और मन का प्रत्येक अणु परिवर्तित हो रहा है। आशीष कहते हैं :

देह वही है असर बहुत है
कठिन राह है सफ़र बहुत है
एक ख़ज़ाना ख़त्म हो रहा
लेकिन मैं एक रत्न हो रहा

मन में बसे अनेक प्रकार के भावों का ख़ज़ाना तो ख़त्म हो रहा है किन्तु शनैः-शनैः मैं स्वयं अनुभवों की रत्न राशि बनता जा रहा हूँ। कविताएँ मनुष्य की संवेदना को प्रकट कर उसे एक स्थायी आनन्द की स्थिति में ले जाती हैं। कवि कहते हैं :

मन के अन्दर झाँका जिसने
वही ज्ञान की ओर बढ़ा
कुछ देर वहाँ जो शान्त रहा
उसको जीवन का भोर मिला

चुंकी आशीष एक प्रवासी हैं सो वे भी अनेक सपने विदेश ले गये होंगे,

वहाँ जा कर मेहनत की परिभाषा लिखी होगी। आशीष अपने साथ अपने देश की माटी की महक और संस्कार लेकर गये, आशीष लिखते हैं:

जो लाता है गंगा जल की शीशी अपने झोले में
जो लाता है गर्व हिन्द का भारत वासी होने में

पुस्तक पठनीय है। आशा ही नहीं विश्वास है कि इसकी कविताएँ पाठक के मन को आनन्दित करेंगी।

आचार्य हरि भारद्वाज
अध्यक्ष, कला अकादमी, दिल्ली

सरस्वती वन्दना

सप्त सुरों की माला भी है और कर में है पुस्तक।
तुम्हें नमस्ते हे कमलासिनी, चरणों में नतमस्तक।।

हर हर वाद्य बजाती तुम
सुरमई साज सजाती तुम।
इस धरती पर और अम्बर में
दिन और रात बनाती तुम।।

तुम वेदों की ज्ञान दायिनी
हंस वाहिनी माता तुम।
तुम हो तम को दूर भगाती
सद्बुद्धि की दाता तुम।।

दिव्य सरोवर मीठा पानी, आज छिड़क दो मस्तक।
तुम्हें नमस्ते हे कमलासिनी, चरणों में नतमस्तक।।

नया रूप मेरा बन जाये
नयी धूप में भर जाऊँ।
विद्या का स्नेह मिले तो
सच में मैं तब तर जाऊँ।।

जो भी मेरा सत्य स्वप्न या
जो भी हो अभिलाषा।

तम के आगे देख सकूँ
ऐसी है एक मेरी आशा।।

आशाओं का दीप जल रहा, मैया दे दो दस्तक।
तुम्हें नमस्ते हे कमलासिनी, चरणों में नतमस्तक।।

शारद पूर्ण विभूति पा
ध्वनि सुसज्जित गीत लिखूँ।
सच में माँ के परम प्रेम से
सुरमई एक संगीत गढ़ूँ।।

मेरे काव्य सृजन में मैया
नया छन्द भी आने दो।
नयी व्याकरण अलंकार नव
नया बंध बन जाने दो।।
माँ की अनुकम्पा से लिख दूँ, चौपाई या मुक्तक।

तुम्हें नमस्ते हे कमलासिनी, चरणों में नतमस्तक।।
सप्त सुरों की माला भी है और कर में है पुस्तक।।

मन-भावन गीत

कवि बतलाओ आप

सुबह नवेले दिवस ने पूछा, कैसी बीती रात।
कौन छन्द आये सपने में, कवि बतलाओ आप।।

कवि बतलाओ कौन खेत को
उपवन तुमने बतलाया
कवि बतलाओ कृष्ण पक्ष
को शुक्ल कहाँ तुमने गाया।

अरे बताओ किस पंक्ति में
बीता सावन बरसाया
किस पंक्ति के तुकान्त में
पतझर बसन्त से मिलवाया।
या फिर ग़ज़ल कटी रात भर, बहरों को बस नाप

सुबह नवेले दिवस ने पूछा, कैसी बीती रात।
कौन छन्द आये सपने में, कवि बतलाओ आप।।

झरने का झर झर गिरना
फिर से मुक्तक में कहना
या लिक्खा फिर से तुमने
नदियों का कल कल बहना।

गाँव बहाने को तत्पर
बाढ़ नहीं लिक्खा होगा
झरने के नीचे का पत्थर
फिर से नहीं लिखा होगा।
आग नहीं केवल परछाईं–कब देती है ताप

सुबह नवेले दिवस ने पूछा, कैसी बीती रात।
कौन छन्द आये सपने में, कवि बतलाओ आप।।

धीरे-धीरे जब आँगन में

धीरे-धीरे जब आँगन में
यहाँ फैलता सूनापन।
गीले-गीले नयनों से
हृदय नापता अपनापन।।

अपनापन रातों का सच्चा
दिन का है दर्पण कच्चा।
सच में दम्भ यथा भरने से
मेरा ख़ाली बर्तन अच्छा।।

अच्छाई की बनी चाशनी
में पिघलाता मैलापन।
गीले-गीले नयनों से
हृदय नापता अपनापन।।

सागर की लहरों में भी
गिरती देखी ठण्डी ओस।
मिलकर खारी हो जाती हैं
कैसे बोलूँ किसका दोष।।

मीठापन देकर सरिता ने
पाया केवल खारापन।
गीले गीले नयनों से
ह्दय नापता अपनापन।।

उन फूलों का मुरझाना
गिरकर थोड़ा मुस्काना
और पंखुड़ी को फैलाकर
हौले-हौले समझाना

सपना बोलूँ या अवरोध
कौन कराये इसका शोध
शायद मौन करायेगा
रुक-रुक कर इसका भी बोध

ऐसे सारे सन्तापों का
होगा मधु से उद्यापन।
गीले-गीले नयनों से
ह्दय नापता अपनापन।।

धीरे-धीरे जब आँगन में
यहाँ फैलता सूनापन।
गीले-गीले नयनों से
ह्दय नापता अपनापन।।

शब्द की परिकल्पना

अक्षरों को पूजते हैं, शब्द की परिकल्पना से।
और पंक्ति जो बनी फिर, भावना की वन्दना से।।

कह रहा हूँ आज बीता
या समय जो ख़ूब रीता।
शीत के प्याले हैं हारे
मेघ हारे, ग्रीष्म जीता।।

प्रेम या फिर द्वन्द्व वाले
वाक्य विकसित छन्द वाले।
जीवनी अनुबन्ध भाँति
टूटते तटबन्ध ताज़े।।

हैं सभी ये समाहित, स्याही की इस अल्पना से।
अक्षरों को पूजते हैं, शब्द की परिकल्पना से।।

अल्प विरामों में रहा मैं
पूर्ण होकर भूल से।
कल्प मिलते जा रहे हैं
चूर्ण जैसे धूल से।।

दे दिया है हृदय ने
लीप कर अपना पटल।
और दिया है घड़े में
भीगते सपने सजल।।

झाँक कर देखा सभी थे, पत्र में एक चेतना से।
अक्षरों को पूजते हैं, शब्द की परिकल्पना से।।

पंक्तियों में पल हैं बैठे
कुछ हैं रूठे कुछ हैं ऐंठे।
कुछ ने देखा है समर्पण
कुछ हैं खण्डित प्रेम दर्पण।
क्षण भरे आनन्द के भी
और लिखे स्पन्द के भी।

ये सभी उन्मुक्त बहकर, भोर की हैं लालिमा से।
अक्षरों को पूजते हैं, शब्द की परिकल्पना से।।

चाँद जैसे दीखता है
पूर्ण या आधा भी है।
है वो पौना और चपटा
श्वेत या सादा भी है।

दीखता गम्भीर मानो
पर लगाता तीर मानो।
मान लो वैसा ही मन है
शब्द ये ऐसा सघन है।

क्या भला दर्पण से पूछूँ?
है पता उत्तर है क्या।
शब्द बस लिखता रहा हूँ
जान लो पढ़कर है क्या।

लिख रहा हूँ एक संध्या, रात की हर वेदना से।
अक्षरों को पूजते हैं, शब्द की परिकल्पना से।।

क्या हारा क्या जीत गया

समय बहुत सा बीत गया
बहुत समय था रीत गया।
अनुभव आपहि बोलेगा
क्या हारा क्या जीत गया।।

जीवन किसी नाव की भाँति
हिचकोले से हमें हिलाती
समय आप पतवार बनाकर
वर्तमान आगे ले जाती।।

सूखे फूल बहे जायेंगे
भूतकाल कहे जायेंगे
वह भविष्य माला होगी
जो वर्तमान में गढ़ जायेंगे।।

संयम की रेखा पर चलकर
जीवन जीना सीख गया।
अनुभव आपहि बोलेगा
क्या हारा क्या जीत गया।।

राख ख़ाक हो जाना सबको
माटी में मिल जाना कलको
क्या होगा कल किसने जाना
राम नाम ही देना मन को।।

एक प्रेम की नदी बहाकर
उसकी धारा को अपनाकर
लिख देना हर तट पर जाकर
झूठा सब मैला-सा पाकर।।

सुख-दुःख दोनों जीवन में
कुछ छिपा रहा कुछ दीख गया।
अनुभव आपहि बोलेगा
क्या हारा क्या जीत गया।।

आँसू सस्ते बिक जायेंगे
सिसकी नीचे गिर जायेंगे
हिचकी रुक रुक कर पूछेगी
बीते पल क्या फिर आयेंगे।।

झूठा है अभिमान बनाना
भर-भर मुट्ठी रेत दबाना
हर बीता लमहा पूछेगा
तुम्हें प्रश्न उत्तर बतलाना।।

कुछ लमहा बारिश में सूखा
कुछ बारिश में भीग गया।

अनुभव आपहि बोलेगा
क्या हारा क्या जीत गया।।

समय बहुत सा बीत गया
बहुत समय था रीत गया।
अनुभव आपहि बोलेगा
क्या हारा क्या जीत गया।।

आकाश के तारे

कैसे कह दूँ महँगे हैं आकाश के तारे।
हमको मीठे लगते हैं ये आँसू खारे।।

नयी सुबह ने नये स्वप्न को बनवाया
आशा ने मेहनत से परिचय करवाया।
भरमाया संसार ने हर दिन, बहकाया
कई बार रात ने पास बिठाकर समझाया।

सीधी गिनती लगते जैसे कठिन पहाड़े।
कैसे कह दूँ महँगे हैं आकाश के तारे।।

सागर को मिलने जब वो चलती होगी
कितनी बार नदी मुड़कर गिरती होगी।
चंचलता में कंकड़-कंकड़ हो हो कर
मिलकर सबकुछ खारेपन में खोती होगी।

पता नहीं सागर जीता या मोती हारे।
कैसे कह दूँ महँगे हैं आकाश के तारे।।

हुई सुबह जो मिली कहीं वो एक पहल
ऐसे ही कई बार मिलन पर खिला कमल।
हाँ, नदिया ने लहरों को हिचकोले देकर
इठलाती ख़ुद गौरी, सागर भोले कहकर।

मानो जैसे दोनों जीते दोनों हारे।
कैसे कह दूँ महँगे हैं आकाश के तारे।।

कैसे कह दूँ महँगे हैं आकाश के तारे।
हमको मीठे लगते हैं ये आँसू खारे।।

मैं पानी की बूँद चली

मैं पानी की बूँद चली क्यूँ दूर मेघ से पार।
क्या होगा, ये क्या जाने, कैसा होगा संसार।।

सोच रही है बूँद ये कब से
क्या मेरा कल होगा
क्या छोटी ही रह जाऊँगी
कि एक बड़ा पल होगा।

गिरने को जंगल ही होगा
या फिर पर्वत होगा
या तो मेरा एक ठिकाना
किसी की छत पर होगा।

क्या कोई प्रतीक्षा में होगा स्वागत को तैयार
क्या होगा, ये क्या जाने, कैसा होगा संसार।।

शायद हो जो एक नदी
या मीठे पानी का झरना
कमल भरे तालाब गिरूँ
तो फिर क्या मेरा कहना।

मन से ना गिर पाऊँगी
जो एक समुन्दर पाया
खारा-सा हो जायेगा
जो भी सपना है पाला।

नहीं पूछता कोई मुझसे मेरा क्या अधिकार
क्या होगा, ये क्या जाने, कैसा होगा संसार।

काश! कहीं गिर पाती मैं
किसी खेत के पास
किसी किसान की पूरी होती
बारिश वाली आस।

सावन में जो रिमझिम बनती
शिव की नगरी को धोती
गिरती गंगा परम धार में
पावन-सी सरिता होती।

केवल बूँद नहीं होती मैं, होती एक उपहार
क्या होगा, ये क्या जाने, कैसा होगा संसार।।

मैं पानी की बूँद चली क्यूँ दूर मेघ से पार
क्या होगा, ये क्या जाने, कैसा होगा संसार।।

सावन आज बता दो

सावन आज बता दो, कितना पानी भर कर लाये हो।
और बताओ किस बादल में कौन कहानी लाये हो।।

लगता है आगे का बाद
थोड़ा झुका झुका-सा है।
शायद उसकी प्रियसी रूठी
थोड़ा बुझा बुझा-सा है।।

उसके पीछे का वो बादल
धीरे धीरे चलता है।
शायद उसके पार कहीं
चाँद गगन में रहता है।।

वो जो कभी कभी नीचे हो
फिर फिर ऊपर उड़ता है।
जैसे किसी परी का
छुप-छुप कर पीछा करता है।।

आज बताओ बादल यूँ क्यूँ गड़गड़-गड़गड़ आये हो।
सावन आज बता दो, कितना पानी भर कर लाये हो।

लो आज भिगो दो इस अँगना को
जिसको कल ही लीपा है।
बूँद बूँद से कोना भर दो
जो भी सूखा दीखा है।।

तीजों के त्योहार गरज कर
शुभता का सन्देश सुना दो।
रूठे रिश्तों के दामन में
भावुकता का हृदय लगा दो।।

मेरे सपनों के प्रश्नों का, क्या कोई उत्तर लाये हो।
सावन आज बता दो कितना पानी भर कर लाये हो।।

जान गया तुम किस सागर से
गागर भर कर लाते हो।
निश्चित शिव की परम जटा से
गंग धरा पर लाते हो।।

भोले की सेवा करने को
बादल बनकर आये हो।
इसीलिए तुम हे सावन
पावन इतना कहलाते हो।।

बरसा दो जितनी भी बूँदे, मेरे घर पर लाये हो।
सावन आज बता दो, कितना पानी भर कर लाये हो।

और बताओ किस बादल में, कौन कहानी लाये हो।
सावन आज बता दो, कितना पानी भर कर लाये हो।।

तुमको एक पत्र लिखता हूँ

यूँ तो उनसे फ़ोन मिलाकर बातें तो कई बार करीं।
लेकिन एक पत्र लिखता हूँ कहने को जो कही नहीं।।

लिखता हूँ बासन्ती मौसम
जैसे उतरा काग़ज़ पर।
स्याही में सावन आ बैठा
देखो कितना सज-धज कर।।

भर-भर कर लिक्खा है
मैंने सपनों भरा सुनहरा पल।
बार बार सुन्दर लिक्खा है
अपना आने वाला कल।।

सारे वाक्य यही कहते हैं
मेरे तन में तेरा मन।
जितनी भी पंक्ति है इसमें
मानो उतने ही कंगन।।

पढ़कर इनको ख़ूब पहनना, जैसे चूड़ी लाल हरी।
तुमको एक पत्र लिखता हूँ कहने को जो कही नहीं।।

हर पंक्ति में तुम दुल्हन
अलसाई-सी बैठी हो।
अर्ध विरामों में मैं पूछूँ
सखी बताओ कैसी हो।।

दीपक का घी पिघल रहा हो
ऐसे तुम शर्माती हो।
पूर्ण विरामों में रुक कर
धड़क-धड़क मुसकाती हो।।

हर अक्षर अब हुआ गुलाबी, लिक्खा कोई एक परी।
तुमको एक पत्र लिखता हूँ कहने को जो कही नहीं।।

तुम्हें आज फिर देख रहा हूँ
इन पन्नों की परछाईं में।
आगे पीछे यही लिखा है
जितना पाया तन्हाई में।।

कुछ पंक्ति में आधी रातें
कुछ में बरसे नैना।
साथ-साथ तुम भी भीगे हो
शायद उत्तर में कहना।

थोड़े को तुम ख़ूब समझना बातें लिक्खी प्यार भरी।
तुमको एक पत्र लिखता हूँ कहने को जो कही नहीं।।

यूँ तो उनसे फ़ोन मिलाकर बातें तो कई बार करीं।
लेकिन एक पत्र लिखता हूँ कहने को जो कही नहीं।।

भर कर लाया फूल हथेली

भर कर लाया फूल हथेली, प्रिये बिछा लो आँचल में।
कुछ गुँथने को तत्पर हैं, कुछ उगने को आँगन में।।

लाल रंग के फूल चार हैं,
चार गुलाबी वाले हैं।
एक बैंगनी चूड़ी जैसा,
दो पीली डाली वाले हैं।

कुछ में बूँदें बसी हुई हैं, पायी थीं जो सावन में।
भर कर लाया फूल हथेली, प्रिये बिछा लो आँचल में।।

गिनने में थोड़े हैं लेकिन,
भरी अंजलि लाया हूँ।
प्रिये गुलाबी हँसी लिए,
एक कली भी लाया हूँ।

और पंखुड़ी बोल रही हैं–है जो भी मेरे मन में।
भर कर लाया फूल हथेली प्रिये बिछा लो आँचल में।।

ऊपर वाला है गुलाब,
उसके नीचे एक गेंदा है।
अन्दर एक चाँद छुपा,
क्या वो भी तुमने देखा है?

तुलसी की पाती है इसमें, पायी थी जो वृंदावन में।
भर कर लाया फूल हथेली प्रिये बिछा लो आँचल में।।

भर कर लाया फूल हथेली, प्रिये बिछा लो आँचल में।
कुछ गुँथने को तत्पर हैं, कुछ उगने को आँगन में।।

मस्त पलों के गुच्छे रख लो

अपना मन उन्मुक्त रहेगा
सच में सुख से युक्त रहेगा
ढलते जीवन की संध्या में भी
एक सुबह-सा शुद्ध रहेगा।

पूछो मन में क्या रक्खा है
रंग भरा सपना रक्खा है
क्या बतलाऊँ समय कहेगा
तुम जैसा अपना रक्खा है।

आज समय यह पल तेरा है
आज है तेरा कल मेरा है
भागम भाग में बीता जाये
यह सब मन का फेरा है।

ख़ूब मोहब्बत, ख़ूब रिवायत
ख़ूब ख़ुदा है, ख़ूब इनायत
ख़ूब तजुर्बा हमें मिला है
ख़ूब ज़िन्दगी कहाँ शिकायत।

सपना रोज़ नया होगा पर
सूरज रोज़ नया होगा पर

समय चाल इठला पूछेगा
बीता पल कहाँ होगा पर।

मस्त पलों के गुच्छे रख लो
कुछ वादे भी सच्चे रख लो
यह वर्तमान पीछे छूटेगा
कुछ तो फल मीठे रख लो।

कुछ फूलों का रंग सहेली
भर कर रख लो ख़ूब हथेली
माना सूखेंगी पंखुड़ियाँ
फिर भी ख़ुशबू संग रहेगी।

आज दिवाली होली रख लो
तस्वीरें हमजोली रख लो
तीखी बातें क्यूँ करते हो
थोड़ी मीठी बोली रख लो।

लाओ मन में नानकवाणी
जैसे गंगा जल का पानी
ॐ ध्यान का योग निरन्तर
अन्तर मन में राम कहानी।

मन है राही मन ही राह

अक्सर तनहा-तनहा मन
कुछ चुपचाप कहे जाता
अक्सर अपनी पीड़ा में
अपने आप बहे जाता।

मन में है ख़ाली खिड़की
जो बन्द नहीं पर है भिड़की
भर-भर मन करता है बात
रहकर गुमसुम सारी रात।

दिन हो या फिर रात अकेली
जीवन बनकर अलग पहेली
कितने क़िस्से क़सम कहानी
छुपा है मन में बहता पानी।

आदर आग्रह अनुरोध से बँधकर
समय खड़ा जीवन में तनकर
कितनी बीती आप बताऊँ
क्यूँ पल-पल मन को और रुलाऊँ।

हर प्रभात का रौशन सूरज
बिखरे मन को देता धीरज

पर दोपहर मारे ताना
रूठी शाम रूठा गाना।

प्यारे मन को बेहद समझाया
हर मौसम ने शरद दिखाया
मौसम गिनते सालों बीते
ना मन हारा ना वे जीते।

मन पीता सपने का प्याला
नयन नीर का साथ निराला
सारी राड़ों की धार बनाकर
मन साकी है मन ही हाला।

मन है राही मन ही राह
मन मीठा कुछ मन में डाह
मन की पीड़ा मन ही जाने
मन टूटा फिर निकली आह!

मन में बैठी गुड़िया रानी
बिटिया रानी फ़ूल कुमारी
मन में दर्पण-सा देवांश
मासूम रूप में पुत्र शिवांश।

मन में बसती एक सुहागिन
जिनके बिन ना कटता दिन
गर वो थोड़ी रूठ गयीं फिर
रातें कटती तारे गिन गिन।
मन में मन्दिर एक समाया

जिसको ममता ने ख़ूब सजाया
देव रूप में रहते जो
मात-पिता हैं मूरत दो।

मन में जाने कितने लोग
आये आकर यहाँ रहे
एक बार जो बैठे तन कर
कहाँ गये फिर समा गये।

रिश्तों का आदर सत्कार
मन ही जाने कितना साधा
सबको पूरा प्यार मिला
चाहे उनसे पाया आधा।

बहरूपिया बन मन कई बार
करता अपना अलग प्रचार
चुपके चुपके चोरी चोरी
मन में घुसता अहंकार।

मन की हो तो मन है ख़ुश
मन में बैठा दानव दुष्ट
जो चाहे वो मिला नहीं जब
देखो कैसे मन है रुष्ट।

सहज है मन तो सहज विचार
विचार दिलाता है आधार
विचार ही मन का है विकार
जब मिलना चाहें निराकार।

मन में ही रहता है दुर्जन
मन में रहता सन्त है
मन की कहानी मन से गहरी
सच! मन की कथा अनन्त है।

क्या साधा जीवन में

समय बाँध कर नोक पर
तीखी कैंची जब चली
तुरपाई की सूई लिए
सीली आधी फट गयी।।

क्या साधा जीवन में अब तक
अक्सर पूछूँगा मैं कब तक
भरपाई की आस में
फैली थोड़ी सिमट गयी।।

कब ढलके आँसू गालों के
कब कहो वे वापिस आते हैं
कब धँसके बालू में प्याले
मीठे रस रख पाते हैं
फिर देखो सुनकर ये बीती
उठकर मुझसे लिपट गयी।।

समय बाँध कर नोक पर
तीखी कैंची जब चली।।

कुछ हैं बिखरे फूल

कुछ हैं बिखरे फूल, और कुछ है धूल।
फाँस हैं गुलाब की और कुछ बबूल।।

देखती है ज़िन्दगी
भीगती-सी बन्दगी
हँस रही थी अभी
और अभी रो पड़ी।

हाँ मिली जो ख़ुशी अब लगी वो भूल
कुछ हैं बिखरे फूल और कुछ है धूल।।

व्यर्थ विनीत प्रार्थना
और पुनीत भावना
क्या अतीत को लिखूँ
काँप रही आत्मा

तोलता है साँस को
ये समय का शूल
कुछ हैं बिखरे फूल
और कुछ है धूल।।

फाँस हैं गुलाब की और कुछ बबूल।
कुछ हैं बिखरे फूल और कुछ है धूल।।

आख़िर हँसना सीख लिया

अवरोधों को कब तक रोकूँ, है तूफ़ानों के बीच दीया।
धीरे-धीरे नयनों ने, आख़िर हँसना सीख लिया।।

हृदय भरे इन घावों को
और अपनों के दावों को
कई बार बदलते देखा पाले
इन अँखियन ने आँसू वाले।

भीगी-भीगी आँखों ने रोकर जीना सीख लिया।
धीरे-धीरे नयनों ने आख़िर हँसना सीख लिया।।

मृदुभावों के मौसम
जो आज बने पतझर है
राह ताकता राधा की
गुमसम देखो तरुवर है।

पर हमने बाँधी है इस बार
कस के एकतारा तार-तार
चाहे अवसर स्वाद नहीं
है मीठी वाणी अपवाद सही।

भावुकता और द्वन्द्व नहीं जा तुझको वादा सटीक दिया
धीरे-धीरे नयनों ने आख़िर हँसना सीख लिया।।

तुम पर वार नहीं होते
होता ना कोई प्रतिकार
हार पिरोने वाला भी
हार गया सूना परिवार।

ऐसे ही कुछ अवसादों ने, कुछ करने को प्रतीक दिया।
धीरे-धीरे नयनों ने आख़िर हँसना सीख लिया।।

जब अनुबन्ध भरे सम्बन्ध बने हों
फिर अनुरोधों से क्या अभिलाषा
काश मधुर होता जो
अनुबन्धों में होती परिभाषा।

फिर मन की वीणा से निकले स्वर
बनते होंठों की भाषा।

वो शब्द नहीं, संगीत नहीं बोलो किसने वो गीत दिया
धीरे-धीरे नयनों ने आख़िर हँसना सीख लिया।।

काश मुझे संचन आता
और भावों का मंचन आता

फिर शब्दों से भाव बनाकर
देता उनको पंक्ति उपहार
परिवर्तित कर पाता उनको

चाहे लेता शक्ति उधार।
ये शब्द नहीं हैं मानक मेरे
हैं शब्द-हीन अधिनायक मेरे।।

उद्विग्न, व्यथित हो कर बैठा मनप्रीत पिया।
धीरे-धीरे नयनों ने आख़िर हँसना सीख लिया।।

उमर-एक ख़ज़ाना ख़त्म हो रहा

उमर नदी-सी बहती धारा, धाराओं के पार है जाना
जीवन में आयाम कई हैं, पाना सबको एक किनारा

किसी किनारे बचपन बीता
मीठा था, मीठा ही मीठा
मन में केवल खेल-खिलौना
और चाँद नज़दीक ही दीखा।

काग़ज़ वाली नाव बनाई
कभी उसी की पतंग उड़ाई
हँसी-ख़ुशी की उमर वही थी
पन्द्रह-सोलह यही रही थी।

मैं निर्मल था, मैं था प्यारा।
उमर नदी-सी बहती धारा
पाना सबको एक किनारा।।

आया जीवन सुन्दर हिस्सा
भरी जवानी वाला क़िस्सा
दिल अपना ऐसा चमका था
जैसे चमके कोई शीशा।

और सुनाऊँ मन का भेद
ख़ूब पसीना बहता देख
ज़िम्मेदारी वाला खेत
खेती करनी थी पर रेत
पच्चीस-छब्बीस उमर थी शायद
कुछ पाने की एक कवायद।

कुछ पल जीता कुछ पल हारा।
उमर नदी-सी बहती धारा
पाना सबको एक किनारा।।

बहकर नाव, पहुँची ठाँव
धूप बहुत है, कहाँ है छाँव
मौसम बीत रहा है झर झर
उमर बीतती सुबह दोपहर।

देह वही पर असर बहुत
कठिन राह है सफ़र बहुत
एक ख़ज़ाना ख़त्म हो रहा
लेकिन मैं एक रत्न हो रहा
कहने को कुछ हाथ नहीं है
साहस है बस बात यही है

सच! मधु भरा है जीवन प्याला।
उमर नदी-सी बहती धारा
पाना सबको एक किनारा।।

मन के अन्दर झाँका जिसने

मन के अन्दर झाँका जिसने
वही ज्ञान की ओर बढ़ा
कुछ देर वहाँ जो शान्त रहा
उसको जीवन का भोर मिला

जब भी वह भीतर गया
मानो निश्चित तर गया
देखा जिसने साँसों को
वही ॐ से भर गया

पाया है उजियारा उसने
तिमिर जभी घनघोर हुआ।
मन के अन्दर झाँका जिसने
वही ज्ञान की ओर बढ़ा।।

नहीं पता है मोक्ष किसी को
नहीं ज्ञान की परिभाषा
लेकिन परम तत्व को पाना
यही मनुज की अभिलाषा

आशाओं के बादल को
राहों में पीछे छोड़ चला।

मन के अन्दर झाँका जिसने
वही ज्ञान की ओर बढ़ा।।

निर्मल मन, सरल स्वभाव
सबसे पहले ऐसा बदलाव
प्राथमिक है ध्यान केन्द्र की
वरना स्वयं से ही अलगाव

कुछ ने सहज रूप में केवल
राम नाम का घोल पिया।
मन के अन्दर झाँका जिसने
वही ज्ञान की ओर बढ़ा।।

प्रवासी गीत

कौन प्रवासी होता है

एक मोड़ ऐसा जीवन में, आया लेकर अवसर
बना प्रवासी एक देश में, सपने अन्दर भरकर।

इस कविता में सच मानो
मैं मन की कहता हूँ,
कौन प्रवासी होता है
कुछ पंक्ति में रखता हूँ।

जो लेकर आता है माटी
अपने मन के कोने में,
जो जागा रखता है भारत
जागे में या सोने में।

जो लाता है गंगा जल की
शीशी अपने झोले में
जो लाता है गर्व हिन्द का
भारतवासी होने में।

लाता है वह संस्कार, अपने सीने में कसकर।
बना प्रवासी एक देश में, सपने अन्दर भरकर।।

जो आया है दूर धरा पर
लेकर अपनी आशा
शायद लिखने को आया है
मेहनत की परिभाषा।

परिभाषा एक नयी क्षुधा में
नयी सुधा पीने को
परिवर्तन करने को आया
नव जीवन जीने को।

सहता सारे दुःख जीवन के, देखो केवल हँसकर।
बना प्रवासी एक देश में, सपने अन्दर भरकर।।

अन्तर कुछ भी हुआ नहीं
चाहे चन्दा से दूर हुए
कुछ ऐसे भी हुए प्रवासी
नये देश में नूर हुए।

कुछ ने अपनी मातृभाषा में
भाव हृदय सँजोया भी
कुछ ने कथा कहानी लिखकर
सुन्दर इसको बोया भी।

सुन्दर इसको और बनाया, आशीष ने कविता लिखकर।
एक मोड़ ऐसा जीवन में, आया लेकर अवसर
बना प्रवासी एक देश में, सपने अन्दर भरकर।।

ब्रिटेन का पतझर

मानो धरती हरी नहीं
सोने की लगती एक परात।
पत्ते मटक-मटक बिखरे
जैसे जाते कोई बरात।।

उड़ते पत्ते, झड़ते पत्ते
गिरते पत्ते, पड़ते पत्ते।
कहीं हवा में तैर रहे
कहीं फ़िज़ा में सैर करें।।

हर कोनों पर इनकी मेड़
रंग-बिरंग पातों का ढेर।
कहीं सजी है एक क़तार
रंगोली नीचे ऊपर पेड़।।

हैं लाल गुलाबी पीले पत्ते
गले पड़े कहीं हरे हैं पत्ते।
अपने ब्रिटेन के पतझर में
हैं गिरे पड़े पर सजे हैं पत्ते।।

इस मौसम की अलग बयार
पतझर में सावन बौछार।
नीचे वाला पत्ता कहता
तू भीगा मैं सूखा यार।।

कुछ पर अब भी फूल खिले
कुछ के पत्ते धूल मिले।
पत्ते जीवन समझाते
सुख-दुःख दोनों बतलाते।।

मज़बूत पेड़ के साथी
लटके थे मोटी टहनी।
आज ज़मीं पर हैं बिखरे
बह जायेंगे थेम्स नदी।।

ये देश ये शहर

सपनों की सतह से ऊपर उड़ाता मुझे।
ये देश ये शहर अब अपना बनाता मुझे।।

समय तो लगा कुछ ग़म भी सहे
कुछ आँसू बहे कुछ अन्दर रहे
बहे सब बहाने, बनाने स्वयं को
बहुत कुछ दिया है नयेपन ने हमको

कह कर नया दिन जगाता मुझे।
ये देश ये शहर अब अपना बनाता मुझे।।

कभी तो कठिन-सा पहाड़ा दिया
कभी दीप भर कर सितारा दिया
दिया है कवि की अलग कल्पना
नये देश ने सब सहारा दिया

हृदय में ख़ुशी हो अलग बात है
रोशन हो मन तो अलग रात है

पतझर ये झड़ कर बताता मुझे।
ये देश ये शहर अब अपना बनाता मुझे।।

जीवन नया पर अलग तो नहीं
उड़ जा परिन्दे फ़लक भी यहीं

काँटे भी होंगे और काटे भी होंगे
नये बाग़ में नव महक भी यहीं

और स्वागत में राहें दिखाता मुझे।
ये देश ये शहर अब अपना बनाता मुझे।।

खट्टे-मीठे अनुभव

परिचय

ख़ूब परिचय था कभी
अब अपरिचित हो रहे।
जिनको हृदय ने ख़ूब पाला
आज परिचय खो रहे।।

प्रश्न मुझमें जी रहे
वे प्रश्न मुझसे कर रहे।
और उत्तर है यही
तुम दफ़्न मुझमें हो रहे।।

रो रहे हैं शब्द मेरे
फिर नये कुछ गीत बनकर।
बस भला इतना मैं बोलूँ
फिर ना आना मीत बनकर।

दिल भरा आदर हमेशा
रोज़ जिनको चूमता है।
देखता है स्वप्न उनका
जब भी आँखें मूँदता है।।

कुछ नये उन्माद में
क्या पुराना छोड़ना।
और रुके संवाद में
ज़्यादा कठिन क्या बोलना।।

ख़ूब था जिनसे समन्वय
आज विस्मित हो रहे।
जिनको हृदय ने ख़ूब पाला
आज परिचय खो रहे।।

दीवारों के कान

दीवारें सब कुछ सुनती हैं
कान बहुत नीचा रखती हैं।
फिर जैसा तुमको सुनना है
निश्चित वैसा कह देती हैं।।

दीवारों के कान से सटकर
उनका कान लगा होता है।
सुनने वाला वह सुनता है
जैसा चित्र बना होता है।।

रिसते रिश्तों में दरार पड़ी
क्यूँकि कोई दीवार खड़ी।
उससे सुनकर उसकी बातें
अपनेपन को मार लगी।।

शीशा भी उपयुक्त नहीं
अगर प्रकाश से युक्त नहीं।
मुझसे तुझसे उसका सुनकर
झूठी बातों से मुक्त नहीं।।

कई बार कई दीवार गिरीं
कई बार झूठ बीमार रही।
कई बार स्वयं धिक्कार हुई
दीवार कहाँ स्वीकार हुई।।

दीवारों का परिचय सुन्दर
झूठा-सा अभिनय सुन्दर।
सीधी बातें करना बेहतर
ऐसी विनती अनुनय सुन्दर।।

मलाल

साज़िश रही उनकी
सूखा ही बीतता रहा।
ना हुई बारिश
ना भीगता रहा।।

किसी से मिलने
कहीं बैठा तनहा।
हुई जो मुलाक़ात
वो मूरत रहे
मैं ताकता रहा।।

घर के कोने
आँगन चुप रहे।
खिड़कियों से बस
गली झाँकता रहा।।

बिके शब्द बेमोल
रहे गूँगे बोल।
कोशिशें ख़ामोश दिखीं
लफ़्ज़ माँगता रहा।।

अच्छा लगता है

अच्छा लगता है कभी-कभी
लहरों पर भागना।
अच्छा लगता है कभी-कभी
लहरों के पार झाँकना।।

अच्छा लगता है किसी झील के पानी
पर सरपट दौड़ना।
अच्छा लगता है अपनी
उड़ान को सतही रखना।।

अच्छा लगता है जब नाव के नटखटपन में
मन भी बच्चा बन जाये।
अच्छा लगता है जब उदास
मन अचानक से अच्छा बन जाये।।

अच्छा लगता है जब आने वाली
ठोकर पहले से दीख जाये।
अच्छा लगता है जब ख़ुशियों से
होकर अन्तः मन भीग जाये।।

कुछ भी स्वाद बना देती थी

रोटी संग क्या क्या देती थी
कुछ भी स्वाद बना देती थी।
मुश्किल की बस आहट भर से
आशीर्वाद बना देती थी।।

कहाँ बोलना आता था
नहीं जरा चल पाता था।
लेकिन उसके आँचल में
पूरा आँगन पा जाता था।

तुतलाना, हकलाना मुझमें था
वो बस अनुवाद बना देती थी।
रोटी संग क्या क्या देती थी
कुछ भी स्वाद बना देती थी।।

धीरे-धीरे ठुमक के चलते
रो रोकर कभी सिसक भी पड़ते।
लेकिन उसका उपचार हमेशा
पुच्छी का पुचकार हमेशा।।

हाँ सच! हँसने को काफ़ी था
अजी! हलवा बनना बस बाकी था।

कई नसीहत ये कर, ना कर
काला टीका माथे कोने पर

ज़ादू-टोना, जन्तर-मन्तर
छूमन्तर प्रसाद बना देती थी।
रोटी संग क्या क्या देती थी
कुछ भी स्वाद बना देती थी।।

मैं आज यहाँ इस धरती पर
यहाँ नहीं वो रहती पर।
उसकी बातें और वो यादें
रोज़ नया वे करती पर।।

कोई पीपल नहीं धूप जब
वो बरगद बाग बना देती थी।
सूनेपन की गाँठ बाँधकर
उनका राग बना देती थी।।

जितनी भी कठिनाई आयी
सारे अपवाद बना देती थी।
देकर सुन्दर आशीष हमेशा
जीवन आबाद बना देती थी।।

रोटी संग क्या क्या देती थी
कुछ भी स्वाद बना देती थी।।

कुम्हार

नक़ली मिट्टी सौंधी कब
बाती नक़ली सब की सब।
लेकर आओ असली दीप
फिर दीवाली अच्छी नीक।।

कुम्हार बेचारा भूखा होगा
कुछ दीयों संग रोता होगा।
कहता होगा हर एक घड़ा
मत थाप मुझे ना और बना।।

आँसू गिरते होंगे मिट्टी पर
कुँम्हारिन बोलेगी बस कर।
चीनी दीये होंगे छत पर
दीवाली आने को तत्पर।।

चौमुख दीया कौन ख़रीदे
कुम्हारों पर कौन पसीजे।
चीनी लड़ियों से चौखट भारी
दीपों की माला है हारी।।

कुल्लड़ कुलिया और सुराही
कुछ टूट गयीं, कुछ बिक ना पायी।

भारी ख़ूब डिज़ाइनर हम पर
चीनी दीये होंगे छत पर
दीवाली आने को तत्पर।।

चाक अकेली बैठी सुन्न
और चलाने वाला गुम।
ख़ाली चाक घूम रही पर
ना हम ही सोचें, ना ही तुम।।

आधुनिकतावाद में सिमटा
और पुराना तिनका-तिनका।
है उदास कुम्हार का टोला
लाओ उनसे भर-भर झोला।।

चौखट दीपक दोनों ओर
चीनी मिट्टी अबकी छोड़।
चाक घूमकर नाचे गाये
स्वागत आप कुम्हार के आये।।

फिर दीपों की माला घर घर
ना चीनी दीये होंगे छत पर
दीवाली आने को तत्पर।।

दीवाली के दीप

बुझे हुए दीपों से पूछो, कितने रोशनदान बनाये।
अँधेरे को दूर भगा कर, घर में कितने राम सजाये।।

लौ ने कैसे ठुमक-ठुमक कर
देखा ख़ुद को जला रही थी।
आधी बाती बची हुई है
तिरछी होकर बता रही थी।।

एक बूँद जो तेल बचा था, गाथा अपनी आप बताये।
बुझे हुए दीपों से पूछो, कितने रोशनदान बनाये।।

एक बुझे दीपक ने ऊपर
सूरज का संकेत दिखाया।
हम सब दीपक जब जलते थे
सूरज को जलता बतलाया।

और रात की जाती पायल
दिन को दीपों की बात बताये।
बुझे हुए दीपों से पूछो
कितने रोशनदान बनाये।।

राम और हम

राम-सरल हृदय

स्वयं से जब पहचान करेंगे
सबको अपने राम मिलेंगे

सरल हृदय है पहली नीति
वरना ना भगवान मिलेंगे

तनिक कृपा मिल जाय अगर
हे राम तेरा वरदान कहेंगे

माया मोह मलीन है झूठा
सच का केवल मान करेंगे

श्रद्धा की माला होगी जब
भाव स्वयं सब बात करेंगे

कोलाहल में रुकना कैसा
हम तो मौन के साथ रहेंगे

अँधियारे की बात ना करना
उजियारे का सम्मान करेंगे

निश्चित ही आशीष मिलेगा
जब हनुमान श्री राम कहेंगे

एक भरोसे राम के

बिन तेरे हम शून्य धरा पर, नहीं हैं कुछ भी काम के।
अपना जीवन तो चलता है, एक भरोसे राम के।।

एक भरोसा राम का हमको
हमको राह दिखायेंगे
आज नहीं तो चाहे कल को
अपनी बाँह फैलायेंगे।

एक भरोसा, राम कहो ना
सब कुछ होगा, राम कहो ना
केवल तन से राम कहो ना
अन्तः मन से राम कहो ना।

है राम नाम की कुंजी फिर, जीवन बीते आराम से
अपना जीवन तो चलता है, एक भरोसे राम के।।

राम नाम की ओढ़ी चादर
राम नाम ही भजते गाकर
राम नाम की झोली से ही
धनी हुआ यह भक्ति पाकर

पाया सियाराम की किरपा, सबकुछ है इस नाम से
अपना जीवन तो चलता है, एक भरोसे राम के।।

आज नयी ये धूप खिली है
क्यूँकि सूरज पाया है
आँखों में कोई धूल नहीं है
क्यूँकि धीरज पाया है।

धीरज के बिन मन यह झट से
माया रथ बन जाता है
धीरज ही माया के आगे
हमको पथ दिखलाता है।

सुलझी है संयम की डोरी, गाँठें खुल गयीं हैं आसान से
अपना जीवन तो चलता है, एक भरोसे राम के।।

सच बतलाऊँ राम जी मुझमें
कई-कई अवगुण भरे हुए
एक सहारा तेरा हमको
हम तो माया से छले हुए।

सद्गुण तेरे संयम-सा
मेरे मन ठहरा देना
देख रहा झूठा उजियारा
तुम सूरज दिखला देना।

मेरी रक्षा करें कृपानिधि, कह देना यह हनुमान से
अपना जीवन तो चलता है, एक भरोसे राम के।।

एक राम बना दे

हे राम, सुबह और शाम बना दे।
हे राम, मुझे एक राम बना दे।।

मेरे मन के मनके में
राम झलकियाँ तेरी
राम दिखा दे अपना द्वारा
हाँ, तोड़ बेड़ियाँ मेरी

तेरे माथे पर पुष्पित है
सूरज की पहचान
कितने राम बटोरे तूने
बनने को एक राम

आज हृदय एक कोने में
उस निषाद की नाव बना दे।
हे राम, मुझे एक राम बना दे।।

कठिन राह, राहों के काँटे
राम सहज ही काटे
राम युद्ध में भी केवल तुम
अनुकम्पा ही बाँटे

झूठे बेर कहीं खाकर
या किष्किन्धा ही जाकर
तुमने बतलाया झूठा सब
बेमतलब का पाकर

शबरी के मन के दीपक-सा
सुन्दर मुझमें भाव जगा दे।
हे राम, मुझे एक राम बना दे।।

राम चतुर्भुज होकर भी तुम
मानवता का मान रहे
कितने ही रावण से मिलकर
राम सदा तुम राम रहे।

राम महल से रावण तक
हाँ, कितने वक्री काल पड़े
लेकिन धीरज के सम्बल से
बार बार तुम राम बने।

ऐसी अलग सहज नीति को
मुझमें भी आसान बना दे।
हे राम, मुझे एक राम बना दे।।

मेरे हर विश्वास में रामा
स्वामी तुम और दास मैं रामा
हर सुख-दुःख में आस हो रामा
और हृदय आवास में रामा

राम मुझे मेरे जीवन में
संयम का आकाश बिछा दे।
हे राम, मुझे एक राम बना दे।।

हे गोपाला दीनदयाल

हे मुरलीधर, बंसीधर, हे गोपाला, हे दीनदयाल।
मन मन्दिर में तुम ही मोहन, हे जगपालक नन्द के लाल।।

पूजा की थाली लाया हूँ,
लाया हूँ भावों के दीप
कुछ फूलों में प्रेम है मेरा,
कुछ में कर्मों वाली सीख

मुझको अर्जुन मान के किसना, और बाँहों में मुझको डाल।
हे मुरलीधर, बंसीधर, हे गोपाला, हे दीनदयाल ।।

देख रही यमुना की धारा
कैसे तुमने कंस को मारा
कैसे धर्म सिखाया तुमने
गीता में समझाया तुमने

बतलाया करते हैं कैसे, सरल हृदय में प्रेम विशाल।
हे मुरलीधर, बंसीधर, हे गोपाला, हे दीनदयाल।।

तुम मोहन मैं दास सुदामा
सेवक हूँ मैं नित ही तुम्हारा
भजन भाव में मुरली वाले
सब अर्पण मैंने कर डाला

तेरी पूजा और ना दूजा, कर दे मुझको आज निहाल ।
हे मुरलीधर, बंसीधर, हे गोपाला, हे दीनदयाल।।

हे गिरधारी, कुंजबिहारी
हे वृंदा के बाँकेबिहारी
हे साँवरिया, मुरलीधारी
हे मेरे श्रीकृष्ण मुरारी

आज मेरे मन आँचल भगवन, बस जा हे गोपाल।
हे मुरलीधर, बंसीधर, हे गोपाला, हे दीनदयाल।।

मन मन्दिर तुम ही मोहन, हे जगपालक, नन्द के लाल।
हे मुरलीधर, बंसीधर, हे गोपाला, हे दीनदयाल।।

राम हमारे नायक

हम गीता श्लोक के वाचक
हम रामायण पाठक हैं।
हम ऋषियों के वंशज सारे
राम हमारे नायक हैं।।

हम सदा यहीं, हम सदा सनातन
हम वेदों के भेद पुरातन
हम सागर को मथने वाले
हम गीता हैं, हम रामायण।

हम संगम के कुम्भ समागम
हम नासिक, हम हरिद्वार
हे महादेव आराध्य हमारे
हम उज्जैनी महाकाल।

यह सत्य सनातन अविनाशी
शिव आदिगुरु प्रतिपालक हैं।
हम ऋषियों के वंशज सारे
राम हमारे नायक हैं।।

हम ॐ ॐ में व्योम देखते
व्योम से आगे नेती नेती

चारों युग का काल निरन्तर
सृष्टि यूँ ही चलती रहती।

परम ऊर्जा, परम चेतना
परम ध्यान में परम देखना
परम ज्योति और परम ज्ञान
जब परमानन्द से जुड़ते प्राण

यह सब केवल शब्द नहीं हैं
परम शक्ति के दायक हैं।
हम ऋषियों के वंशज सारे
राम हमारे नायक हैं।।

हम मन्त्रों का उत्तम स्वर
हम प्रश्नों का उत्तर भर
हम वेदों का छन्द अमर
जो ले जाते पार भँवर

हम कृष्णा की गीता हैं
हम सियाराम की सीता हैं
हम कबीर की वाणी हैं
और गंगा का पानी हैं

हम सत्य ध्वजा के अनुयायी
हम सत्य ध्वजा के वाहक हैं
हम ऋषियों के वंशज सारे
राम हमारे नायक हैं।।

छन्द

जीवन हमें जो मिला, धीर मिला, धैर्य मिला
मिली राम चेतना तो मोती हार मानिए।
नयी नव धारणा-सा राम में विकास हो
पास लोभ, मोह आये तीर मार डालिए।
लाइये एक प्रेम वाली बाँसुरी-सी अल्पना
तना राधिका संग किसन उगाइये।
जप, तप, होम, हवन पृथक प्रयोग है
धूप मन की में बस राम राम डालिए।।

हाथ में धनुष पाछे ताने जो तूणीर है
भेष से तो मुनि पर दीखता अवधेश है।
साथ में जो देवी चले सुमन चरण लिए
चल रहा संग संग युवक अशेष है।
कौन कहे कौन हैं वे, शान्त और मौन हैं वे
जैसे त्रिपुरारी कोई और जो महेश है।
वीर, धीर, धैर्यवान श्याम सौं शरीर वाले
स्वयं ही वो नारायण तभी तो विशेष हैं।।

मन-राम और रावण

जीवन भर मन के भीतर
एक युद्ध सदा ही होता है।
रावण का छल भी होता, किन्तु
जय राम तुम्हारा बल होता है।।

जीवन में कुछ लय पाने को
और नया कुछ कर जाने को।
रावण-सा जोश भी होता, किन्तु
राम तुम्हारे संयम से ही
विपदाओं का हल होता है।।

जीवन की हर भाग-दौड़ में
कठिनाई के शाम-भोर में।
रावण का क्रोध भी होता, किन्तु
राम तुम्हारे आशीष से केवल
सहज स्वभाव सरल होता है।।

बाल-कविताएँ

बादल अलग-अलग

बादल अलग-अलग से लगते
कभी कार कभी घोड़ा लगते
कभी ये बादल दौड़ा करते
कभी ये बाबा साधु लगते।

बादल मुझको हँसते दिखते
आसमान से गिरते दिखते
बादल में पानी की बूँदें
मन करता है उनको पी लें।

बादल रोज़ नया आता है
रोज़ नया गाना गाता है
रंग बदलकर आता जाता
कभी सफ़ेद तो काला होता।

बादल तुम कैसे चलते हो
शायद तुम डीज़ल रखते हो
कौन कहाँ नदी-सागर से
इतना पानी भर लेते हो।

कभी पेड़ के ऊपर होते
कभी उसी के पीछे होते
कभी पहाड़ से ऊँचे दिखते
और हवा के साथ ही बहते।

बादल के पीछे सूरज
कहता तू रखना धीरज
समय बीतता जैसे ही
आगे आता है सूरज ही।

घर मेरा सुन्दर

घर मेरा सुन्दर है प्यारा।
मन्दिर जैसे शंकर वाला।।

घर में मेरे मम्मी-पापा
भैया रहते, चाची-चाचा
पापा दफ़्तर जब जाते हैं
कर के जाते मीठा वादा।

शाम को आते हारा-हारा
घर मेरा सुन्दर है प्यारा।
मन्दिर जैसे शंकर वाला।।

मीठा वादा बिस्कुट टॉफ़ी
मुझको ख़ुश रखने को काफ़ी
पापा मुस्काते मम्मी पर
जब वो लाती प्याली कॉफ़ी।

सच में दोनों कुंजी-ताला
घर मेरा सुन्दर है प्यारा।
मन्दिर जैसे शंकर वाला।।

भैया लेकर जाते पार्क
क्रिकेट खेलते हैं हम साथ
दीदी मुझको ख़ूब हँसाती
कई चुटकुले साथ सुनाती।

मम्मी का लोरी गाना
फिर झट से मेरा सो जाना
घर मेरा सुन्दर है प्यारा।
मन्दिर जैसे शंकर वाला।।

रंग-बिरंगी दीवारे हैं
दीवारों पर पेंटिंग लटकी
सच बतलाऊँ मुझको केवल
सूरज वाली अच्छी लगती।
घर में मेरा कमरा न्यारा
घर मेरा सुन्दर है प्यारा।
मन्दिर जैसे शंकर वाला।।

नीला-नीला ये आकाश

नीला नीला ये आकाश
मुझको लगता है ये ख़ास
सूरज चमक रहा है इसमें
और बिखेरता है प्रकाश
पश्चिम में होता है अस्त
फिर पूरब से उगता है मस्त
तब अन्धकार का होता नाश
नीला नीला ये आकाश।
मुझको लगता है ये ख़ास।।

और मज़े की बात बताऊँ
इसके बीच सितारे पाऊँ
जगमग जगमग करते रहते
अनगिनत गिनती में होते
चन्दा मामा भी इसमें हैं
रात को देखो ये खिलते हैं
चन्दा को मैं छू कर सोता
जो वो होता मेरे पास।
नीला नीला ये आकाश
मुझको लगता है ये ख़ास।।

गया अँधेरा भोर हुआ है
कोयल का प्यारा शोर हुआ है

रंग-बिरंगे पंछी उड़ते
देख के हम हैं मुसकाते
उड़ता मैं भी आसमान में
जो मैं होता पंछी काश।
नीला नीला ये आकाश
मुझको लगता है ये ख़ास।।

ग़ज़लें

बीता हुआ हर इक समन्दर

बीता हुआ हर इक समन्दर याद आता है
मुझको मेरा बचपन बराबर याद आता है

वो जहाँ सीखा बहुत कुछ यार थोड़े में
पल बहुत ज़्यादा वो सुन्दर याद आता है

मेरे नये हर आज के नीचे पुराना है
भूलता बाहर से, अन्दर याद आता है

आज मुझमें है चमक कुछ लोग कहते हैं
वो मुफ़लिसी वाला बवंडर याद आता है

वो नदी जो बाढ़ में झोंपड़ों को ले बही
उस गाँव के ऊपर का अम्बर याद आता है

आशीष देकर चल दिए जिस माह माँ-बापू
वो नवम्बर वो दिसम्बर याद आता है

बीता हुआ हर इक समन्दर याद आता है
मुझको मेरा बचपन बराबर याद आता है

दो आँखें

दो आँखें हैं–इन आँखों से क्या करते हो
एक आँख से हँसते हो, दूजे से रोया करते हो

दो आँखें हैं–इन आँखों में भाव पिरोया करते हो
सुख-दुःख इनके हैं दो नाम, ऐसा बोला करते हो

दो आँखें हैं–इन आँखों में क्या रखते हो
निश्चित उम्मीदों संग, सपने बोया करते हो

दो आँखें हैं–इन आँखों में बेचैनी क्यूँ
क्यूँ आशा अभिलाषा ढोया करते हो

दो आँखें हैं–नज़रें चार करूँ कैसे जी
पलक उठे इक बार, तुम बोला करते हो

दो आँखें हैं–चुप्पी साध के बैठीं आज
बोल पड़े कई राज़ भी खोला करते हो

दो आँखें हैं–आँखों की है क्या चाहत
शायद मूँद इन्हें, उनके संग सोया करते हो

दो आँखें हैं–इनके दर्द का क़िस्सा ख़ूब
ग़ज़लों के अशआर में खोजा करते हो

दो आँखें हैं–आशीष मिला दर्शन का तो
उस रूप से मन हे राम सँजोया करते हो

दो आँखें हैं–इन आँखों से क्या करते हो
एक आँख से हँसते हो, दूजे से रोया करते हो

कब तक चलेंगे किनारे-किनारे

कब तक मिलन का यूँ अनुरोध होगा
कभी तो मिलन का जी सुयोग होगा

कब तक यूँ चलेंगे किनारे-किनारे
कब किनारे मिलेंगे, ये संयोग होगा

मैं हूँ यज्ञ कोई, तुम शुभ मंत्र उसका
कब पूरन आहुति का उपयोग होगा

तुम मटकती नदी, मैं बहे दीप जैसा
अब लौ से कहाँ तक मनोयोग होगा

पथिक है अकेला, व्यथित मन बखेड़ा
चलो चार डग लो, ये सहयोग होगा

कभी तो मिलन का जी सुयोग होगा
कब तक मिलन का यूँ अनुरोध होगा

कुछ पीड़ा

कुछ पीड़ा का दान है आँसू
आँखों का मेहमान है आँसू

उन तक है संवाद यही कि
यादों का सम्मान है आँसू

प्यारा प्रेम है सदा सनातन
प्रेमी का अभिमान है आँसू

देखे हैं कई पंख कटे पर
साहस का अनुमान है आँसू

आशीष तुम्हें सब देने आये
देखो बन यजमान है आँसू

कुछ पीड़ा का दान है आँसू
आँखों का मेहमान है आँसू

चाँद भी सुन्दर

यूँ तो चाँद भी सुन्दर है
लेकिन अन्दर से बंजर है

आधी ही बूँद गिराई हमने
आधे से भरा समन्दर है

हँसना, मुसकाना है फ़ितरत
क्या मालूम उन्हें क्या मंज़र है

देखो दूरी कम करने को
हर बार ही झुकता अम्बर है

पाये मोड़ कई अनजाने
साथ मेरे वो रहबर है

कितने सपने भूल चुका हूँ
लेकिन हिम्मत भर भर है

कठिन राह है होने दो
आशीष राम का हम पर है

कौन राम है पता नहीं है

अब तो फ़ुरसत ग़ायब-सी है
इतवार आज है पता नहीं है

आँगन में है धूप बहुत और
रोशन भी हूँ पता नहीं है

सुबह बीतकर बनी दोपहर
कब शाम हुई ये पता नहीं है

बहुत है दावेदारी लेकिन
अपनेपन का पता नहीं है

जिन्हें देखकर दिल मुसकाया
उन्हें आज तक पता नहीं है

रावण जैसे ख़ूब मिले हैं
कौन राम है पता नहीं है

अब तो फ़ुरसत ग़ायब-सी है
इतवार आज है पता नहीं है

आँसू मोती से महँगे

कुछ तो ख़ुद को बड़ा बनाते
तब तुम स्वतः बड़े कहाते

बीत गयी है ख़ूब उमरिया
शान्त हृदय कुछ घड़े बनाते

कितना कोसोगे अँधेरा
कुछ तो अपने दीये जलाते

वे बेच चुके रिश्ते रेशम-से
हम ज़मीर के रहे सहारे

जब भी देखे कठिन रास्ते
वे बैठ गये और करे बहाने

ये आँसू मोती से महँगे
तुम बेफ़ज़ूल में लगे बहाने

हम पर आशीष हनूमान का
बस राम धुनी है गले हमारे

कुछ तो ख़ुद को बड़ा बनाते
तब तुम स्वतः बड़े कहाते

पुराना हो गया

दिन निकलते ही पुराना हो गया
रात का आना दुबारा हो गया

शाम के आते पहर ने कह दिया
मैं अँधेरे का ठिकाना हो गया

जागते हैं हम सपन में आज भी
आज भी देखा दीवाना हो गया

जो कही दिल ने पुरानी बात फिर
फिर वही झूठा तराना हो गया

जीतना हर बार किसको है मिला
जीतना ख़ुद को हराना हो गया

उड़ रहा आकाश पंखों के बिना
भूगोल पर इतिहास लिखना हो गया

दिन निकलते ही पुराना हो गया
रात का आना दुबारा हो गया

हम वे शायर बोल देते हैं

कुछ लोग अक्सर ही अकेले शोर करते हैं
जो कह ना पाये हम वे शायर बोल देते हैं

शायरी में क्या फ़क़त अश'आर हैं केवल
अज़ी आँसुओं को काग़ज़ों पर घोल देते हैं

माना पलक के ठीक नीचे ख़्वाब है तेरा
ग़र इज़हार ना होगा, यक़ीनन बोझ होते हैं

कुछ हार को जो देखते बस टूट जाते हैं
सच में स्वयं की ज़िन्दगी वे नोच लेते हैं

कुछ जीतकर थोड़ा, क़वायद ख़ूब करते हैं
अभिमान की बातें वे अक्सर सोच लेते हैं

दीवानगी एलान को जब लफ़्ज़ ना मिलता
किसी की शायरी से राज़ अपना खोल देते हैं

कई बार क़िस्से में दिखा क़िरदार गूँगा है
हम अनकही को भी बह्र में तोल देते हैं

ये डूबता मक़ता मतले से उठाया था
अज़ी ज़िन्दगी का क़ाफ़िया सब खोज लेते हैं

कुछ लोग अक्सर ही अकेले शोर करते हैं
जो कह ना पाये हम वे शायर बोल देते हैं

पके फल की डाली

पुरानी है मूरत नये आवरण में
कहाँ कुछ है बदला वातावरण में

सुना है उन्होंने नया आज पहना
करी देर क्यूँ फिर यहाँ आगमन में

उन्हें लिख रहा हूँ ये पत्र अब
नयी एक बोली नये व्याकरण में

कब से हृदय में सजाया है उनको
होले से रक्खा है अन्तःकरण में

थोड़ा-सा पाकर वे अकड़े हैं कैसे
पके फल की डाली, कहाँ आचरण में

कुछ हैं हृदय को शहद से भिगोये
कुछ लिये नीम बैठे जीभ के उपकरण में

उसने कहा क्या और उससे सुना क्या
शिकायत मिलेगी बेवजह आकलन में

कहाँ कुछ है बदला वातावरण में
पुरानी है मूरत नये आवरण में

पुरानी है मूरत नये आवरण में
कहाँ कुछ है बदला वातावरण में

मेरा देश मेरे गीत

भारत हमारा

देखा है मैंने, है इक देश प्यारा।
कहते हैं भारत, भारत हमारा।।

सर पर मुकुट-सा, हिमालय खड़ा है
गगन से भी ऊँचा, बड़ा वो बड़ा है।
बड़ी लम्बी नदी, गंगा वहीं है
वहीं हिन्द सागर का है किनारा।।

देखा है मैंने, है इक देश प्यारा।
कहते हैं भारत, भारत हमारा।।

तपोबल की भूमि, शहीदों की मिट्टी
है ऋषियों की माला, ममता की चिट्ठी।
वहाँ है नयापन, पुरातन बँधा है
काशी और मुम्बई दोनों बसा है।।

वहीं बह रही है माँ गंगा की धारा।
कहते हैं भारत, भारत हमारा।।

है वीरों की थाली, हिम्मत की डाली
किसानों के खेतों में हल और कुदाली।

है डल झील जैसे स्वर्ग सलोनी
ईदी की दावत, दिवाली है होली।।

देखो यहाँ पर सिकन्दर भी हारा।
कहते हैं भारत, भारत हमारा।।

मौसम है फागुन, शरद और सावन
नदी में हैं बहते, कहीं दीप पावन।
यहाँ राम चेतन, बसे हर निकेतन
यहाँ कृष्ण गीता कहे नित्य नूतन।।

तिरंगे का मन में है बस सहारा।
देखा है मैंने, है इक देश प्यारा।।

देश की आराधना

देश की आराधना और मान के लिये।
हिन्द को सलाम करें, शान के लिये।।

तीन रंग से बना है, ध्वज यहाँ खड़ा
शौर्य और शूरता से भव्य है बड़ा।
और जिसे देखकर वीर कह उठा
सलाम हिन्द केसरी, श्वेत और हरा।।

आरती और अर्चना, सम्मान के लिये
देश की आराधना और मान के लिये।
हिन्द को सलाम करें, शान के लिये।।

रात बीत ही गयी है, ये सुबह हुई
आज जीत ही बिछी है, देख तो सही।
आज दिन नये को देखो तौलता आकाश
रात है गयी धरा से बोलता आकाश।।
राष्ट्र की है भावना, अभिमान के लिये।

देश की आराधना और मान के लिये।
हिन्द को सलाम करें, शान के लिये।।
आज़ाद का गगन है ये सुखदेव की धरा
और भगत सिंह से है कौन सा बड़ा।

लाख अत्याचार से ये कोई ना झुका
गांधी के हर सत्य में है राम ही छुपा।।
मुक्त हों हर वेदना से, प्राण दे दिये।

देश की आराधना और मान के लिये।
हिन्द को सलाम करें, शान के लिये।।

सच में ये धरा मेरे किसान की भूमि
खेत ये खलिहान बलिदान की भूमि।
क़लाम के प्रयोग और विज्ञान की भूमि
जय हिन्द जय जवान के आह्वान की भूमि।।

जम्मू काश्मीर और अंडमान की भूमि
शिलोंग, मिज़ोरम, राजस्थान की भूमि।
राणा और शिवाजी के अटल आन की भूमि
वीरों के पानीपत की है मैदान की भूमि।।

सरहदों पे जागते जवान की भूमि
आरती में शंख और अजान की भूमि।
बुद्ध की पदचाप और ध्यान की भूमि
कबीर के दोहों से भरे ज्ञान की भूमि।।

तुलसी ने करी साधना, जिस काम के लिए
ये भूमि मेरी वन्दना, उस राम के लिये।
देश की आराधना और मान के लिये
हिन्द को सलाम करें, शान के लिये।।

नमन हिन्द दिन रात करूँ

मातृभूमि से दूर कहीं पर नमन हिन्द दिन रात करूँ।
भारत माँ पर कविता लिक्खूँ भगत सिंह आज़ाद लिखूँ।।

क़लम उठा भावों में भर
लिखता भारत की सुन्दरता।
और तिरंगा छू कर देखूँ
लगता मुझको मलमल-सा।

रेशम के धागे से बनकर
खड़ा हिमालय में तनकर।
भरता क्षण में पौरुष सबमें
छूता मानो वह दिनकर।।

नतमस्तक हूँ ऐसे ध्वज तल, धरती पर आकाश लिखूँ।
मातृभूमि से दूर कहीं पर नमन हिन्द दिन रात करूँ।।

हल्दीघाटी ने लिक्खा है
वीर बहादुर राणा।
क्या होता है पवन वेग
चेतक लिख कर ही जाना।

या तो दुर्गा को लिक्खा
लिक्खा झाँसी रानी।
बाँध शिशु को तन से अपने
ख़ूब लड़ी मर्दानी।

ऐसे वीरों की गाथा का, बोलो कितना अनुवाद लिखूँ।
मातृभूमि से दूर कहीं पर नमन हिन्द दिन रात करूँ।।

गंगा-सी स्याही बन जाती
जब भी लिखता वीर सुभाष।
राजगुरु, सुखदेव क़लम से
आ जाते हैं मेरे पास।।

बिस्मिल का बिस्मिल्ला लिक्खूँ
या क़लाम का नाम लिखूँ।
हिन्दुस्तान जभी लिक्खूँ
हाँ, गांधी का 'हे राम' लिखूँ।।

बोल शहीदों का कितना, बार बार उपनाम लिखूँ।
मातृभूमि से दूर कहीं पर नमन हिन्द दिन रात करूँ।।

बासठ का बलिदान लिखूँ
या इकहत्तर का गौरव।
निकट कारगिल का साहस
है विकट शौर्य और वैभव।।

लिख दूँ सारे अलंकार
उनके चरणों के आगे।

जिनके घर के किसी चिराग़ ने
प्राण देश पर त्यागे।।

अक्षुण्ण हमारी सेना का
अन्तहीन सोपान लिखूँ।
भारत माँ के एक मंत्र
जन गण मन का गान लिखूँ।।

अगर लहू से लिखना हो तो, जय हिन्द का उन्माद लिखूँ
मातृभूमि से दूर कहीं पर नमन हिन्द दिन रात करूँ।
भारत माँ पर कविता लिक्खूँ भगत सिंह आज़ाद लिखूँ।।

काश! मुझे कविता आती

काश! मुझे कविता आती
लिख देता उनको पुस्तक-सा।
प्रेम भरा दोहा लिखता
लिख देता उनको मुक्तक-सा।।

काश! मुझे कविता आती
कनखी भरता हर शब्दों में।
हृदय धड़कता रख देता
लिख देता बिखरे पन्नों में।।

काश! मुझे कविता आती
अक्षर-अक्षर सपना बोता।
एक मिलन की उत्सुकता को
लिख कर कहता कैसा होता।।

काश! मुझे कविता आती
हर पंक्ति होती उपहार
अर्पित बंध फूल-सा देता
लिख देता उनको हर बार।।

काश! मुझे कविता आती
आँचल भर-भर छन्द बनाता
हर पल उनको ही गाता
लिखता फिर फिर अन्त ना आता
काश! मुझे कविता आती।।